Valencia Library
23743 W. Valencia Blvd.
Valencia, CA 91355
(661) 259-8942

113

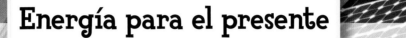

Energía para el presente

Energía solar

Por Tea Benduhn

Consultora de lectura: Susan Nations, M.Ed., autora/consultora en alfabetización/consultora de desarrollo de la lectura

Consultora de ciencias: Debra Voege, M.A., especialista en recursos curriculares de ciencias

WEEKLY READER®
PUBLISHING

Please visit our web site at www.garethstevens.com.
For a free color catalog describing our list of high-quality books,
call 1-800-542-2595 (USA) or 1-800-387-3178 (Canada). Our fax: 1-877-542-2596

Library of Congress Cataloging-in-Publication Data

Benduhn, Tea.
    [Solar power. Spanish]
    Energía solar / por Tea Benduhn.
       p. cm. — (Energía para el presente)
    Includes bibliographical references and index.
    ISBN-10: 0-8368-9269-0 — ISBN-13: 978-0-8368-9269-7 (lib. bdg.)
    ISBN-10: 0-8368-9368-9 — ISBN-13: 978-0-8368-9368-7 (softcover)
    1. Photovoltaic power systems—Juvenile literature. 2. Solar power plants—Juvenile literature. I. Title.
TK1087.B46618   2008
621.47—dc22   2008025014

This edition first published in 2009 by
Weekly Reader® Books
An Imprint of Gareth Stevens Publishing
1 Reader's Digest Road
Pleasantville, NY 10570-7000 USA

Copyright © 2009 by Gareth Stevens, Inc.

Senior Managing Editor: Lisa M. Herrington
Senior Editor: Brian Fitzgerald
Creative Director: Lisa Donovan
Designer: Ken Crossland
Photo Researcher: Diane Laska-Swanke
Special thanks to Kirsten Weir

Spanish Edition produced by A+ Media, Inc.
Editorial Director: Julio Abreu
Translators: Adriana Rosado-Bonewitz, Luis Albores
Associate Editors: Janina Morgan, Rosario Ortiz,
  Bernardo Rivera, Carolyn Schildgen
Production Designer: Faith Weeks

Image credits: Cover and title page: © Russell Illig/Getty Images; p. 5: © Triff/Shutterstock; p. 6: © Ariel Skelley/Blend Images/Jupiter Images; p. 7: © Andrew Lambert Photography/Photo Researchers, Inc.; p. 9: © Leigh Haeger/Weekly Reader; p. 10: © Peter Essick/Aurora/Getty Images; pp. 11 (both), 20: NASA; p. 12: © Yvan/Shutterstock; p. 13: © NASA/Getty Images; p. 15: © Peter Menzel/Photo Researchers, Inc.; p. 16: © Otmar Smit/Shutterstock; p. 18: © Florian Schulz/Alamy; p. 19: © Stefano Paltera/American Solar/ Getty Images; p. 21: © Elena Elisseeva/Shutterstock.

Printed in the United States

1 2 3 4 5 6 7 8 9 10 09 08

Contenido

Las palabras definidas en el glosario están impresas en **negritas** la primera vez que aparecen en el texto.

Capítulo 1

¿Qué es la energía solar?

En la noche, las estrellas brillan en el cielo. En el día, sólo una. Es nuestro Sol. Es el centro de nuestro sistema solar. El **sistema solar** comprende el Sol y los planetas que lo **orbitan**, o giran en torno a él. ¡Es cien veces más grande que la Tierra! Es una importante fuente de **energía**. Todos los seres vivos necesitan la energía solar.

El Sol emite calor y luz.
El calor y la luz son tipos
de energía.

No podríamos ver sin la luz solar. Su calor mantiene la Tierra a la temperatura correcta. Aun en invierno, hay suficiente calor para la vida. Su calor ayuda a crear vientos y ocasiona nuestro clima. Su luz y calor les dan a plantas y animales energía para crecer y moverse. El uso de la luz y calor del Sol se llama energía solar.

Las plantas necesitan energía solar para crecer. Toman la energía del calor y de la luz del Sol. Almacenan parte de ella dentro de sí. Algunas plantas, como el maíz, son alimento. Al comerlas, tomamos su energía almacenada. La energía solar pasa de las plantas a la gente. Nuestro combustible es el alimento. Nos da energía para jugar y estudiar.

La energía solar se almacena en el alimento que comemos. El alimento nos da energía para jugar.

Las calculadoras solares funcionan con energía solar.

La energía solar puede impulsar máquinas. Por ejemplo, en la clase de matemáticas puedes haber usado una calculadora solar. No necesita baterías porque ¡acumula energía de la luz! También puede impulsar máquinas más grandes. Podemos usar la energía solar para hacer electricidad. Alimenta las luces y computadoras de nuestras escuelas y casas.

Capítulo 2

Fuentes de energía

Como las estrellas, el Sol es una gran bola de gas caliente. Dentro, los gases explotan. Liberan muchísima luz y calor. Si acumuláramos el equivalente a una hora de luz solar que pega en la Tierra, tendríamos suficiente energía para alimentar un año todos los edificios del mundo.

El efecto invernadero

Sol

Algo de calor escapa al espacio.

La atmósfera atrapa casi todo el calor.

Tierra

El calor llega a la Tierra.

Atmósfera

¿Cómo calienta el Sol a la Tierra? Imagina las plantas de un invernadero. Éste tiene paredes de vidrio. El calor y la luz del Sol entran y se quedan atrapados. Los gases de la **atmósfera** funcionan como invernadero. Atrapan el calor del Sol cerca de la Tierra. A esto se le llama **efecto invernadero**. Ayuda a que la Tierra tenga suficiente calor para que vivamos.

Una central eléctrica quema carbón para producir electricidad. El carbón es un combustible fósil.

La mayoría de nuestra energía no proviene del Sol. Hoy, casi toda la energía viene de combustibles fósiles. El petróleo, gas y carbón son **combustibles fósiles**. Están hechos de restos de plantas y animales muertos hace mucho tiempo. Quemar petróleo, gas y carbón produce energía. Usamos combustibles fósiles para hacer gasolina y electricidad.

Casquetes polares

1979

2003

Aquí se ve cuánta nieve se ha derretido en torno al Polo Norte de 1979 a 2003.

Quemar combustibles fósiles produce **contaminación**. Ésta ensucia el aire y es difícil respirarlo. El quemar combustibles también libera gases que calientan poco a poco la Tierra. A ésto se le llama **calentamiento global**. Los científicos dicen que éste puede causar que se derrita el hielo de los polos Sur y Norte. Esto elevaría el nivel del mar.

Hoy, la gente quema más combustibles fósiles que nunca. Los gases de invernadero de los combustibles fósiles hacen que el calentamiento global suceda más rápido. Otro problema es que al usar los combustibles fósiles, desaparecen. Los combustibles fósiles son **recursos no renovables**. Al usarse, desaparecen por siempre.

De lo profundo del mar, las plataformas petroleras extraen combustibles fósiles. Al quemarlos para obtener energía, se pierden para siempre.

Cada minuto, de cada día, el Sol brilla en algún lugar de la Tierra.

A diferencia de los combustibles fósiles, el Sol es un **recurso renovable**. Nunca se terminará la luz solar. El Sol brilla todo el tiempo. Aunque sea de noche o esté nublado, brilla en algún lugar de la Tierra. Si usáramos más energía solar, podríamos usar menos combustibles fósiles. El aire estaría más limpio y se reduciría el calentamiento global.

Capítulo 3

Cómo funciona la energía solar

Siempre hemos usado la energía solar. Los hornos solares usan el calor del Sol para cocinar comida. Por siglos, hemos usado la energía solar en casas. Algunas tienen ventanas que dan al sur para acumular la luz solar. Otras tienen paredes gruesas que absorben el calor durante el día. En la noche, liberan el calor y no sentimos frío.

De las grandes plantas de energía solar sale electricidad para miles de personas.

Con el tiempo, la gente ha encontrado muchas formas de usar la energía solar. Hoy tenemos formas nuevas de acumular el calor del Sol para calentar nuestros hogares o el agua para el baño. También recolectamos energía de la luz solar. Los **paneles solares** generan electricidad. En algunos lugares, cientos de paneles solares unidos producen electricidad para toda una comunidad.

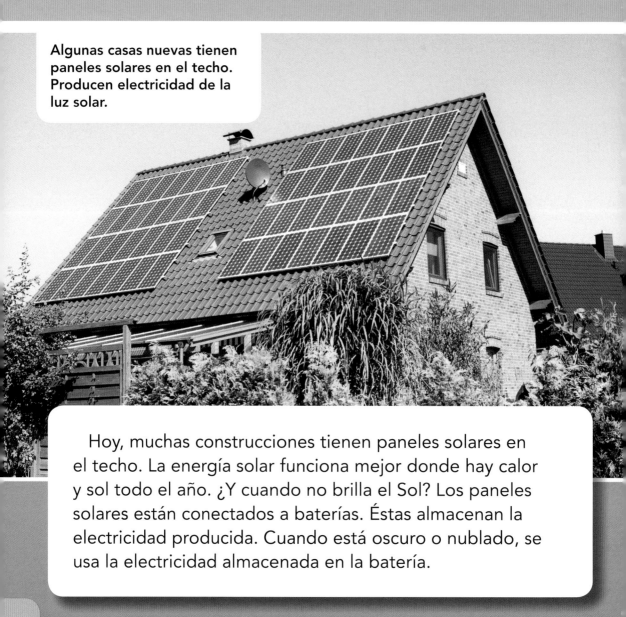

Algunas casas nuevas tienen paneles solares en el techo. Producen electricidad de la luz solar.

Hoy, muchas construcciones tienen paneles solares en el techo. La energía solar funciona mejor donde hay calor y sol todo el año. ¿Y cuando no brilla el Sol? Los paneles solares están conectados a baterías. Éstas almacenan la electricidad producida. Cuando está oscuro o nublado, se usa la electricidad almacenada en la batería.

Capítulo 4

Energía solar en el futuro

La energía solar es limpia y renovable. Pero en Estados Unidos obtenemos menos de 1% de nuestra energía de la solar. Los paneles solares son caros. Pero después de construirlos, ¡la energía que acumulan es gratis!

Los campistas usan paneles solares especiales para tener electricidad. ¡El ejército usa tiendas con paneles solares entretejidos en ellas!

Los científicos buscan cómo hacer que los paneles solares sean menos caros. También tratan de hacerlos más chicos y potentes. Ya inventaron un tipo de tela solar. Tiene paneles solares pequeños entretejidos. El ejército usa la tela solar para hacer tiendas de campaña. ¡Las tiendas pueden alimentar computadoras!

Usamos mucha energía para impulsar autos. Casi todos usan gasolina, hecha de combustible fósil. Algunos funcionan con energía solar. Los paneles solares en los autos convierten la luz solar en electricidad. Ésta se almacena en una batería. Los científicos buscan cómo mejorar los autos solares. En el futuro, podríamos tener barcos y trenes solares.

Este auto funciona con energía solar. Los científicos buscan cómo crear autos que la usen mejor.

Paneles solares

La Estación Espacial Internacional usa energía solar. La Estación es un laboratorio de investigación grande.

¡La luz solar alimenta naves fuera de la Tierra! La luz solar es fuerte en el espacio. Las naves espaciales solares han viajado a Marte. La Estación Espacial Internacional usa energía solar. Algunos científicos desean construir plantas de energía solar en el espacio o en la Luna. Los **satélites** acumularían la energía solar y la enviarían a la Tierra.

Los científicos buscan más formas de usar la energía solar. También necesitamos **conservarla** o ahorrarla. ¿Cómo usar menos energía? Lee junto a la ventana cuando hay sol en lugar de encender una luz. El Sol es una buena fuente de energía. ¡Usémosla!

Puedes ahorrar energía al apagar la luz si no la usas. ¡En vez de prender las luces, sal y usa la luz solar!

Glosario

atmósfera: la capa gruesa de aire que rodea a la Tierra

calentamiento global: elevación lenta de la temperatura de la Tierra

combustibles fósiles: fuentes de energía como petróleo, gas y carbón formados de los restos de plantas o animales que vivieron hace millones de años

conservar: ahorrar

contaminación: materiales dañinos en el ambiente

efecto invernadero: el calentamiento de la superficie de la tierra debido a que la luz y el calor del Sol quedan atrapados

energía: la habilidad de hacer un trabajo

orbitar: moverse alrededor de un objeto en una dirección circular

paneles solares: paneles planos que acumulan la energía solar y la convierten en electricidad

recursos no renovables: recursos que no se pueden usar de nuevo. Al usarse, se van para siempre. Los combustibles fósiles son recursos no renovables.

recurso renovable: que puede usarse de nuevo. Los recursos renovables pueden ser aire, agua, luz solar, viento, plantas y animales.

satélites: naves espaciales que orbitan planetas o lunas

sistema solar: el Sol, los planetas y otros objetos espaciales que lo orbitan

Para más información

Libros

Harnessing Power from the Sun. Energy Revolution (series). Niki Walker (Crabtree, 2007)

Solar Power. Sources of Energy (series). Diane Gibson (Smart Apple Media, 2004)

The Sun. In the Sky (series). Carol Ryback (Weekly Reader Books, 2006)

Sitios Web

Kaboom! Energy
tiki.oneworld.net/energy/energy.html
Lee más acerca de varias fuentes de energía, incluso la solar.

Roofus' Solar & Efficient Home
www1.eere.energy.gov/kids/roofus
Visita un hogar dónde hasta los electrodomésticos y el auto usan energía solar.

Nota del editor para educadores y padres: Nuestros editores han revisado meticulosamente estos sitios Web para asegurarse de que sean apropiados para niños. Sin embargo, muchos sitios Web cambian con frecuencia, y no podemos asegurar que el contenido futuro de los sitios seguirán satisfaciendo nuestros estándares altos de calidad y valor educativo. Se le advierte que se debe supervisar estrechamente a los niños siempre que tengan acceso a Internet.

Índice

Acerca de la autora

Tea Benduhn escribe libros y edita una revista. Vive en el hermoso estado de Wisconsin con su esposo y dos gatos. Las paredes de su casa están cubiertas de repisas llenas de libros. Tea dice: "Leo todos los días. ¡Es más divertido que ver televisión!".